Jeder Mensch hat eine innere Ordnung,
ein Mosaik des Herzens. Kommt diese
Ordnung durcheinander, wird der Mensch
uneins mit sich selbst.

Thomas von Kempen

Thomas Lardon

MOSAIK DES HERZENS

Die Weisheit des Thomas von Kempen

Die Deutsche Nationalbibliothek verzeichnet diese Publikation in der Deutschen Nationalbibliografie; detaillierte bibliografische Daten sind im Internet über http://dnb.dnb.de abrufbar.

Dieses Werk erschien 2004 als von Veruschka Götz illustrierte Erstausgabe im Verlag der Lardon Media AG, Berlin. Es ist vergriffen und jetzt in dieser neu typografiesierten Ausgabe wieder erhältlich.

Herstellung und Verlag:
BoD – Books on Demand, Norderstedt

ISBN: 978-3-7578-8997-5
Auch als eBook erhältlich

VORWORT

Nein, dies ist keine Neuübersetzung des berühmten, in alle Weltsprachen übersetzten und millionenfach gedruckten Werkes „De imitatione Christi". Zu gut und wortgewaltig sind die bereits vorliegenden Übersetzungen, und zu groß ist mein Respekt vor der Geschichte des Werkes. Es ist ein neugieriger Blick auf die Kernaussagen, ein vorsichtiges Freilegen des Wesens dieses Schatzes mittelalterlicher Mystik. Was hier zu Tage tritt (besonders in den ersten beiden der vier Bücher des Originals) sind zeitlose Lebensweisheiten, gerade richtig für das 21. Jahrhundert.

Die Sprache war schon damals kräftig und unmissverständlich, und ich habe versucht, dies mit unserem heutigen Wortschatz beizubehalten. Was fehlt, ist die dem Original eigene Melodie zart mystischer Frömmigkeit, die sich dem modernen Leser nur schwer erschließt.

Wie schön wäre es, wenn dieses Werk von vielen Lesern wieder entdeckt und seine Weisheit zur Stärkung des „inneren Lebens" dienen würde!

Thomas Lardon

WIE DIESES WERK ENTSTAND, WER ES SCHRIEB UND WAS ES BEWIRKTE ...

Obwohl um die Verfasserschaft des Werkes „De imitatione Christi" zeitweilig ein heftiger Gelehrtenstreit entbrannt war (mehr als 35 mögliche Verfasser wurden vorgeschlagen und verteidigt) ist heute relativ unbestritten, dass die Endfassung des Werkes von Thomas von Kempen (auch Thomas á Kempis) stammt. Allerdings lässt sich die Urfassung wohl auf das Jahr 1377 zurückführen. Damals hatte Gerrit Grote, Sohn eines reichen Kaufmanns aus Deventer, der die Welt kennengelernt, studiert und sich dann von den „Händeln der Welt" zurückgezogen hatte, dem Kartäuser-Orden sein geistliches Tagebuch anvertraut: der Grundstock zur „Nachfolge Christi".

Thomas Hermerken, Handwerkersohn aus Kempen am Niederrhein, kam 1392 als Schüler in Deventer mit den „Brüdern vom Gemeinsamen Leben" in Kontakt. Er lernte von ihnen, Bücher abzuschreiben und Texte auszulegen. 1399 trat er dem Augustinerchorherrenstift Agnetenberg (Zwolle/NL) bei und empfing 1414 die Priesterweihe. Über 70 Jahre lebte Thomas in der Klostergemeinschaft und führte das typische Leben eines Klosterpriesters seiner Zeit – mit Predigen, Beichthören, Abschreiben von Büchern und dem Verfassen eigener Schriften. Er war klein von Gestalt und fiel eigentlich nur dadurch auf, dass er gern „in agnello cum libello", für sich allein mit einem Buch, war.

Am 25.7.1471 verstarb er in seinem Kloster. Seinem Leitspruch „Liebe es, unbekannt zu sein" wurde er nur bedingt gerecht: Als Bearbeiter der endgültigen Fassung des „Buches von der Nachfolge Christi" ging er nicht nur in die Kirchen- und Literaturgeschichte ein, sondern gilt heute als der größte Sohn der Stadt Kempen. 1971 gab die Deutsche Bundespost sogar eine Sondermarke zu seinem 500. Todestag aus.

Die Wirkungsgeschichte des Werkes ist kaum zu beschreiben. Es hatte nach dem Erstdruck im Jahre 1472 einen gewaltigen Einfluss auf viele Ausprägungen des katholischen wie auch des evangelischen Glaubens – und wirkte so ökumenischer, als es im Ursprung gemeint war (allerdings wurden auch nach Gutdünken Teile des Werkes weggelassen, um es „passend" zu machen). Am Ende des 19. Jahrhunderts lag es (in mehr als 3.000 Ausgaben!) in alle Kultursprachen der Welt übersetzt vor. Noch im frühen 20. Jahrhundert war es als Andachtsbuch praktisch in jedem mitteleuropäischen Haushalt vorhanden. Somit ist es neben der Bibel das am meisten übersetzte und gedruckte Werk der Weltliteratur.

PRÄGE DIR MEINE WORTE GUT EIN

und denke aufmerksam darüber nach. Wenn dir die Last zu schwer wird, wirst du sie brauchen können.

Was du jetzt beim Lesen noch nicht verstehst, wird dir klar, wenn es dunkel um dich wird.

Glaube nicht alles, was man dir erzählt. Wir reden gern schlecht über andere und vergessen oft das Gute.

ÜBERLEGE GANZ GENAU, OB ES WAHR SEIN KANN

und dann versuche, es mit Gottes Augen anzusehen. Erzähle auch nicht gleich weiter, was du gehört hast.

Folge nicht jeder Eingebung, Hals über Kopf, und setze nicht ohne Rücksicht deine Meinung durch.

Besser ist es, einen Menschen zu finden, der ehrlich und weise ist.

FRAGE IHN UM RAT UND HÖRE AUF IHN.

NIMM RAT VON DENEN AN, DIE WEISER SIND ALS DU. DAS IST BESSER, ALS SICH AUF SEINE EIGENEN LAUNEN ZU VERLASSEN.

Mit dem Vertrauen ist das so eine Sache. Wem kann man wirklich vertrauen? Den Unerfahrenen und Unwissenden sicher nicht.
Aber auch vor den reichen und wichtigen Menschen sollte man sich lieber fernhalten. Wenn man sich geehrt fühlt, dass sie überhaupt mit einem reden, kann man ihren Rat leicht überbewerten.

Am besten suchst du dir einen Christenmenschen, der lebenserfahren und doch auf dem Boden geblieben ist. Mit ihm kannst du über alle Dinge des Herzens sprechen.

UND NOCH ETWAS:

Manchmal hört man von einem Menschen viel Gutes und möchte unbedingt seinen Rat hören. Aber wenn er dann vor dir steht und mit dir redet, bist du enttäuscht.

Glaubst du, andere Leute sollten sich freuen, dich zu ihren „guten Bekannten" zählen zu dürfen? Bald werden sie irgendwelche Fehler an dir entdecken und legen keinen Wert mehr auf deine Freundschaft.

ALSO, SO HART ES KLINGT:

Versuche, allen unnötigen Umgang mit Menschen zu vermeiden. Er bringt sowieso nichts.

BILDER VERSCHWINDEN, UND WORTE VERHALLEN IM WIND.

Unsere Neugier wird geweckt, und die Augen sehen viel, was sie nicht verstehen. Alle Vollkommenheit des Lebens ist doch unvollkommen, und unser Forschen nach Licht bringt auch die dunklen Seiten hervor.

Wo also ist die Wahrheit zu finden?
Die Wahrheit muss sich dir selbst offenbaren.

WENN DAS EWIGE WORT ZU DIR SPRICHT,

wirst du viele Meinungen los.
Schließlich kommt ja alles von diesem einen
Wort her, und alle Dinge sind in ihm begründet.

Wenn du eins

mit dir selbst geworden bist,

dich also nicht andauernd
ablenken lässt von allen möglichen
Nebensächlichkeiten,

kann die Wahrheit dich,
wie ein Lichtstrahl,

erreichen.

Wer mit sich und Gott im Reinen ist, der plant zunächst in seinem Innern vor, was er später vor anderen

TUN UND SAGEN WILL.

Viele Menschen wollen anerkannt und geachtet sein. Sie tun alles dafür, um „groß" zu sein.

Aber wirklich groß ist nur der,
der große Liebe hat.

In allen Schriften musst du nach der Wahrheit suchen, nicht nach schönen Worten. Der Autor kann noch so bekannt sein und sein Ansehen hoch – darauf kommt es überhaupt nicht an.

Die Liebe zur Wahrheit soll dich zum Lesen treiben.

WARUM?

Die Menschen, die heute schreiben, sind morgen schon gestorben.

Aber die Wahrheit bleibt.

Alte Menschen erzählen gern Geschichten.
Es sind oft Gleichnisse, Parallelen zu unserem
heutigen Leben.

HÖRE AUF SIE, UND FRAGE NACH.

Sie werden dir viel bedeuten.

Jeder Mensch hat eine innere Ordnung, ein Mosaik des Herzens. Kommt diese Ordnung durcheinander, wird der Mensch uneins mit sich selbst.

Der Eingebildete zum Beispiel oder der Geizige finden nie zur Ruhe. Ständig sind sie auf der Suche nach neuen „Opfern", und es ist harte Arbeit für sie, sich von ihren Zielen loszumachen und sich auf das wirklich Wichtige zu konzentrieren. Wenn es denn so wäre, dass die Erfüllung ihrer Wünsche ihnen Befriedigung bringen würde! Aber nein, kaum ist das Ziel erreicht, haben sie ein schlechtes Gewissen und treiben zur nächsten Befriedigung.

DAS MOSAIK
DES HERZENS

fügt sich nur ineinander, wenn man Widerstand leistet und seinen Wünschen nicht nachgibt.

Dann stellt sich der wahre Frieden ein.

Tue, was du kannst -

und Gott wird deinen

guten Willen belohnen.

Wenn du klug bist –
verlass dich nicht auf dein Wissen.
Wenn du reich bist –
vertraue nicht auf den Zauber des Geldes.
Wenn du mächtige Freunde hast –
rechne nicht mit ihrem Einfluss.

Gott hat dir alles Gute gegeben,
und ihm sollst du dafür danken.

Und wenn du schön bist, dann sei bloß nicht ein-
gebildet. Schon eine kleine Krankheit kann dich
ziemlich hässlich machen …

Denke nicht, dass du besser bist.

VIELLEICHT SIEHT GOTT DAS GANZ ANDERS.

Wenn du bescheiden bist, wirst du auch Frieden haben. Aber wenn du stolz bist, wirst du die Leute immer wieder verärgern.

ES IST
BESSER,
SICH EINEN
RAT GEBEN
ZU LASSEN,
als
ANDEREN
ZU RATEN.

Warum reden wir eigentlich so viel? Weil wir einer beim anderen Trost suchen und unserem Herzen, das von so vielen Gedanken ermüdet ist, gern Luft machen möchten!

Was wir lieben und was wir uns wünschen, was uns drückt und bedrängt, davon reden wir gern. Leider bringt uns dieses Reden nicht sehr viel. Denn der äußere Trost, den wir vielleicht finden, verbaut uns den inneren, den nur Gott geben kann.

ALSO:

Rede über nützliche Dinge, baue andere Menschen auf, und halte deine Zunge im Zaum.

Wir könnten viel ruhiger leben, wenn wir uns nicht so viel Sorgen um die Probleme machen würden, die andere haben und die uns gar nicht berühren.

Wie kann jemand in Frieden leben, der sich ständig in fremde Geschäfte einmischt und sich selbst Anlässe zur Unruhe sucht?

ER HAT DOCH GAR KEINE ZEIT MEHR,

sich zu sammeln und in sich zu gehen!

WARUM SIND MENSCHEN ZU HEILIGEN GEWORDEN?

Weil sie sich weder an die Sorgen noch an die Annehmlichkeiten des täglichen Lebens gehängt haben, sondern ihr eigenes, inneres Leben geführt haben – ihr Leben für Gott.

Würden wir uns nicht immer mit uns selbst be-
schäftigen, dann hätten wir auch Platz für die
Dinge des Himmels.

Das größte, oder besser, das einzige Hindernis
sind wir selbst. Es muss nur ein kleines Problem
an unsere Tür klopfen, schon ist all unser Mut
dahin.

WENN DU JEDES JAHR

ein Laster aus deinem Leben verbannst, wirst du bald vollkommen sein.

Eigentlich sollte es mit uns doch immer besser werden: wir sollten reifer und heiliger werden. Der Eifer, das Gute zu tun und das Gute selbst sollten in uns zunehmen.

ABER DAS GEGENTEIL IST DER FALL.

Jetzt wird es schon als Seltenheit angesehen, wenn wir noch einen Funken des ersten Eifers in uns erhalten konnten.

ES IST SCHWER, GEGEN
SEINE GEWOHNHEITEN
ZU HANDELN.

NOCH SCHWERER IST ES,
GEGEN SEINEN EIGENEN
WILLEN ANZUGEHEN.

Leiste dem Bösen Widerstand, gleich beim Entstehen, und mache dich schon früh von allen schlechten Gewohnheiten frei.

DAMIT AUS EINER LEICHTEN LAST SPÄTER KEINE SCHWERE WIRD.

Wir haben täglich mit Tatsachen zu tun, die uns lästig oder sogar zuwider sind.

DAS IST GUT FÜR UNS.

Sie treiben den Menschen nämlich wieder in sein Herz hinein, und er fühlt, dass er hier nicht zu Hause ist und dass er sich nicht auf die Werte dieser Welt verlassen darf.

Es ist gut, wenn uns Menschen widersprechen und schlecht über uns reden, obwohl wir uns richtig verhalten haben und unsere Absichten rein sind.
So bleiben wir demütig.

Wenn ein Mensch leidet, verleumdet wird oder von bösen Gedanken umhergetrieben wird, dann wird ihm ganz klar,

VIEL KLARER ALS ZUVOR,

dass nur Gott ihm helfen kann.

Es ist kein Vollkommener so vollkommen

und kein Heiliger so heilig,

dass er nicht manchmal noch versucht wäre,

das Böse zu tun.

Die Versuchung (der Reiz, etwas zu tun, was den Geboten Gottes widerspricht) ist für den Menschen eigentlich hilfreich. Nur so wird er bescheiden, INNERLICH GESTÄRKT UND BEREIT, guten Rat anzunehmen.

DER MENSCH IST VON NATUR AUS NEUGIERIG,

er möchte Vieles wissen. Aber was nützt es ihm, wenn er viel weiß und dabei den Schöpfer vergisst?

Besser ein BESCHEIDENER BAUER,

der seinen Gott liebt,

als ein STOLZER PHILOSOPH,

der den Lauf der Sterne misst,

aber den Weg des Lebens nicht kennt.

Wer sich selbst kennt, der bleibt bescheiden und wird nicht viel Freude daran haben, DASS IHN DIE MENSCHEN LOBEN.

Sei nicht zu wissbegierig.

Denn bei dem, was dir erzählt wird,

ist viel dazuerfunden und schöngeredet.

Die Menschen, die viel wissen, möchten gern beachtet werden. Sie haben es gern, wenn die anderen sagen:

DIE SIND ABER KLUG!

Aber was nützt ihnen ihre Weisheit?

Viele Dinge zwischen Himmel und Erde haben doch nichts mit Wissen zu tun, sondern eher mit Dummheit!

VIELE WORTE MACHEN – DAS STILLT DEN HUNGER DER SEELE NICHT!

Wenn es dir in den Kopf steigen will,

dass du so viele Dinge weißt

und alle Hintergründe kennst,

dann vergiss nicht,

dass es viel mehr Dinge gibt,

von denen du nichts weißt

und nichts verstehst.

Sich selbst kennenlernen, und sich selbst im Zaum halten:

DAS IST DIE GRÖSSTE WISSENSCHAFT.

GEBRECHLICH SIND WIR ALLE,

aber gebrechlicher als du selbst

sei in deinen Augen niemand.

Wie oft ekelt es mich,

so viel zu lesen und zu hören!

Alles, was mein Herz sich wünscht,

finde ich bei Gott.

EIN MENSCH, der rein, bescheiden und beständig in seinem Innersten geworden ist, wird sich auch durch die Geschäfte des Alltags nicht aus der Ruhe bringen lassen.

EIN REINES GEWISSEN UND EIN GUTES LEBEN SIND MEHR WERT ALS WISSEN UND ERKENNTNIS.

Wenn eines Tages abgerechnet wird,

fragt man uns nicht,

was wir gelesen,

sondern was wir getan haben;

nicht wie schön wir gesprochen,

sondern wie treu wir gelebt haben.

Es ist nur der wirklich weise,

der das Vergängliche missachtet und das

EWIGE ACHTET.

WIR GLAUBEN
LIEBER DAS BÖSE
ALS DAS GUTE.

SO SCHWACH SIND WIR.

Allen Menschen

soll man Werke der Liebe erweisen.

Aber mit jedermann vertraut sein zu wollen,

das bringt nichts.

Es ist viel schwieriger, sich unter eine Obrigkeit zu stellen, als SEIN EIGENER HERR ZU SEIN.

Weglaufen bringt nichts. AUCH UMZIEHEN NICHT, wenn du damit einer Lebenssituation aus dem Weg gehen willst.

Besser ist es, die Situation zu ändern.

Es gibt Menschen, die sich am Anfang, nachdem sie sich zu Christus bekannt haben, schwer bedrängt und von Zweifeln geplagt werden.

Andere müssen ihr Leben lang hart kämpfen, und wieder andere erleben diese Bedrängung erst am Ende ihres Lebens.

Wahrscheinlich richtet es die Vorsehung so ein, dass jeder das tragen muss, was er auch tragen kann.

DIE VERSUCHUNG STELLT DEINEN GLAUBEN AUF DIE PROBE.

Zunächst ist es ein Gedanke, der dich angreift.

Dann kommt eine mächtige Vorstellung dazu, die du beinahe mit den Händen greifen kannst.

Danach kommt die Lust, diese Vorstellung umzusetzen, und dann wird es zur Begierde, zur Leidenschaft, die dich nicht mehr schlafen lässt, bis du das Ziel erreicht hast.

Willst du also gegen die Versuchung angehen,
dann TUE ES GLEICH ZU BEGINN.
Es ist wie bei einer Krankheit, bei der du die
Heilmittel zu spät einnimmst – der Kampf wird
immer schwieriger.

WAS NÜTZEN UNS ALSO DIE VERSUCHUNGEN?

Sie sind die Prüfsteine, die den Fortschritt
des Guten im Menschen markieren
und die Feuerprobe,
die das verborgene Licht der Seele
ans Tageslicht bringt.

Wer in den Tagen des Unglücks

GEDULDIG ist und bleibt,

hat in seinem Leben viel erreicht.

WENN UNSER HERZ GEGEN ETWAS IST,

DANN IST UNSER VERSTAND ES AUCH.

Viele Menschen suchen in allem, was sie tun, nur sich selbst – aber sie merken es nicht.

Sie scheinen ausgeglichen und friedvoll zu sein, aber plötzlich, wenn sich ihnen etwas in den Weg stellt, geraten sie innerlich durcheinander und lassen den Kopf hängen.

So entsteht – auch bei den Frommen – viel Streit und Missgunst.

Niemand hat es gern, dass man ihn weiter führt,

ALS DAS AUGE REICHT.

Nur auf den

FLÜGELN DER LIEBE GOTTES

können wir uns über den engen Horizont

unserer eigenen Einsichten erheben.

JA, WIR SOLLEN GUTE WERKE TUN.

Aber aus Liebe zu deinem Nächsten darfst du auch mal ein gutes Werk unterlassen. Denn wenn du deinem Nächsten zu Hilfe kommst, wird aus einem guten Werk ein noch besseres.

OHNE LIEBE SIND ALLE GUTEN WERKE UMSONST.

Aber was aus Liebe geschieht, ist groß und bringt große Frucht.

GOTT

sieht mehr auf das,

was dich zum Handeln veranlasst,

als auf das, was du wirklich tust.

WER VIEL LIEBE HAT,

ERREICHT VIEL.

Der vollkommenen Liebe geht es nicht um sich selbst. Sie will Gott durch Menschen und in Dingen sichtbar machen.

SIE BENEIDET NIEMANDEN, SONDERN FÖRDERT JEDEN.

WAS MAN AN SICH ODER
ANDEREN NICHT ÄNDERN
KANN, DASS SOLLTE MAN
MIT GEDULD TRAGEN –

bis Gott es anders macht.

Hast du deinen Nachbarn ein- oder zweimal er-
mahnt und damit nichts erreicht, dann lass dich
auf keinen Streit mit ihm ein. Gott kann auch aus
etwas Schlechtem noch Gutes machen. Habe
Geduld mit fremden Fehlern. Du hast schließlich
auch viele Macken, mit denen andere zurecht-
kommen müssen.

Wir sehen es gern, wenn andere für ihre Fehler hart bestraft werden. Das ist ja nicht mehr als gerecht!

ABER WIE IST ES BEI DIR?

Du kannst es doch nicht ertragen, dass deine Freiheit auch nur im Geringsten eingeschränkt wird! Wie selten sehen wir den Nächsten mit denselben Augen an, mit denen wir uns anschauen.

Ohne Fehler ist keiner,

ohne Last ist keiner,

keiner ist sich selbst genug;

niemand kann sich selbst beraten,

einer muss den andern tragen,

trösten, stützen und ermahnen.

Der Mensch wird nicht durch Ereignisse schwach und gebrechlich. Die Ereignisse zeigen nur, wie schwach und gebrechlich er schon ist.

Willst du DAS GUTE FÖRDERN und bewusst leben, dann musst du dir vorstellen, du wärest nur ein Besucher, ein Wanderer auf diesem Planeten.

DU SOLLTEST ZWEIMAL AM TAG INNEHALTEN:

am Morgen, um dich zu einem guten Vorsatz zu wecken; und am Abend, um den Tag an dir vorbeiziehen zu lassen mit all seinen Gedanken, Worten und Taten.

Wenn Gott den Zahltag für dich noch ein wenig
hinausschiebt, solltest du denken:
Ich war für das Fest noch nicht vorbereitet,
mir fehlt noch dieses und jenes,

DAMIT ICH

ALL DIE HERRLICHKEITEN

RICHTIG GENIESSEN KANN!

Suche dir eine Zeit aus, wo du ganz allein zu Hause bist. Und dann denke an all das Gute, was Gott dir geschenkt hat. Lass alles beiseite, was dich ablenken könnte.

WERDE STILL, UND IN DIR WIRD ES STILL WERDEN.

Der weise Seneca sagte: So oft ich unter
Menschen gewesen bin, war ich beim
Heimgehen weniger Mensch.
Das geht uns so,
wenn wir lange schwatzen.

SCHLIESSE DEINE TÜR

hinter dir zu und lade Jesus, wie deinen Geliebten, zu dir ein. Bleib mit ihm in deinem Zimmer. Nirgendwo draußen wirst du so viel Frieden finden.

Ein heiteres Ausgehen erzeugt oft ein trübes Heimgehen, und ein lustiger Abend einen traurigen Morgen.

Denke öfter an den TOD als an die Länge deines LEBENS. Dann wirst du dich beeilen, dein Leben zu verändern.

Es gibt keinen Menschen in der Welt, der sich nicht plagen muss. Sogar die Könige und der Papst haben ihre Lasten zu tragen.

Warum kommst du also so schnell aus dem Gleichgewicht, wenn die Dinge mal anders laufen, als du sie dir vorgestellt hast?

Wer Güter im Überfluss besitzt, der kann nicht glücklich damit sein.

Wer die Hälfte von dem besitzt, was ihm gehört,

HAT IMMER NOCH REICHLICH.

Essen, trinken, wachen, schlafen, ruhen und arbeiten ist alles nur Plage. Besonders für einen Menschen, der Gott nahe sein möchte und rein und unabhängig von allem Druck der Natur leben will.

Gut ist es, wenn du das Elend dieses Lebens erkennst und schlecht ist es, wenn du dieses Elend auch noch liebst.

Wie viele Menschen hängen so sehr an diesem armseligen Leben, dass sie auf das Himmelreich verzichten würden, wenn sie nur ewig auf dieser Erde bleiben könnten!

HEUTE BEREUEN WIR UNSEREN FEHLER, und morgen machen wir denselben Fehler wieder.

Was soll nur am Abend unseres Lebens werden, wenn wir schon am Morgen das Feuer in unserem Ofen ausgehen lassen?

HEUTE NOCH LEBT DER MENSCH, und morgen lebt er nicht

mehr. Ist er erst einmal aus den Augen, so ist er auch schnell aus dem Gedächtnis der Menschen verschwunden.

Alles, was du denkst und tust, soll so gedacht und getan sein, als müsstest du heute noch sterben.

WENN DU EIN GUTES GEWISSEN HAST, BRAUCHST DU AUCH VOR DEM TOD NICHT ZITTERN.

Wenn du heute nicht bereit bist,

wie willst du es morgen sein?

Und wer gibt dir die Garantie,

dass morgen auch noch dein Tag ist?

EIN LANGES LEBEN macht den Menschen nicht immer besser. Oft wird die Liste seiner Schulden nur noch länger.

Wenn der Morgen kommt, dann rechne damit, dass du den Abend vielleicht nicht mehr erleben wirst.

Und am Abend solltest du nicht wagen, noch auf den Morgen zu hoffen. Lebe immer so, dass dich der Tod nicht unvorbereitet trifft.

In gesunden Tagen kannst du viel Gutes tun – in kranken Tagen mag das anders sein.

KRANKSEIN MACHT NUR WENIGE MENSCHEN BESSER, und Wallfahrten nur wenige zu Heiligen.

VERLASSE DICH NICHT

auf Freunde und Verwandte, und bürde ihnen schon gar nicht die Sorge um die Zukunft und dein Seelenheil auf.

Sie werden dich nämlich noch schneller vergessen, als du es jetzt glauben würdest.

Ich habe einen Freund, der so viel Angst in seinem Herzen hatte, dass er eines Tages in der Kirche vor dem Altar niederkniete und seufzte:

„Wenn ich doch nur genau wüsste, dass ich dem Guten bis zum Ende treu bleiben werde!"

Da hörte er die göttliche Antwort in seinem Innern: „Und, was würdest du dann tun? Tue jetzt, was du dann tun würdest, und du wirst sicher ans Ziel kommen."

Denke immer an das Ende,

und dass die verlorene Zeit

nie wiederkommt.

Du wirst am Abend immer froh sein, wenn du den Tag nützlich zugebracht hast.

Pass auf dich auf,

    rüttle dich wach,

        sprich dir selbst Mut zu –

und gehe den guten Weg weiter, auf dem du angefangen hast.

WENN DU CHRISTUS IN DEINEM INNERN

eine würdige Wohnung bereitet hast, wird er bei dir einziehen und dich reich beschenken.

Wer so weise ist, dass er in allen Dingen das erkennt, was sie sind und nicht das, was sie zu sein scheinen oder wofür andere sie halten,

DER HAT SEINE WEISHEIT VON GOTT ERHALTEN.

Der Mensch wird von den Ereignissen der Welt nur so sehr beeinflusst, WIE ER SIE AN SEIN HERZ HERANZIEHT.

LEGE KEINEN GROSSEN WERT DARAUF, ob dieser Mensch für dich ist und der andere gegen dich.

Wichtig ist, dass Gott auf deiner Seite steht.

Dem Demütigen hilft Gott auf die Füße.

ER LIEBT UND TRÖSTET IHN.

Er neigt sich zu ihm hinab, beschenkt ihn, teilt mit ihm seine Geheimnisse und zieht ihn nach den Tagen der Unterdrückung freundlich zu sich.

Schaffe zuerst Frieden und Ordnung in dir selbst, dann kannst du auch Frieden und Ordnung bei anderen bewirken.

Wenn du willst,

dass dich die anderen tragen sollen,

dann trage du sie zuerst.

Mit friedlichen Menschen in Frieden zu leben –
das fällt uns nicht schwer. Wir haben es gern,
wenn andere unserer Meinung sind.

Aber mit harten, unfreundlichen und regellosen
Meschen auszukommen, das ist nicht nur dein
Verdienst.

ES IST GNADE.

Wer am meisten vom Leid versteht, wird den größten Frieden haben.

Er hat sich selbst unter Kontrolle, die Welt im Griff, CHRISTUS ZUM FREUND und den Himmel als Erbanspruch.

Zwei Flügel

erheben den Menschen

über das Irdische: Einfalt und Lauterkeit.

Die Einfalt zeigt sich in der Absicht,

die Lauterkeit im Charakter.

Die Einfalt sucht Gott,

die Lauterkeit findet ihn.

Kein Teil der Schöpfung ist so KLEIN UND UNBEDEUTEND, dass es nicht eine Spur der Güte Gottes an sich tragen würde.

EIN REINES HERZ

dringt durch Himmel und Hölle.

Wenn es irgendwo eine reine Freude auf dieser Erde gibt, so ist sie nur in einem reinen Herzen zu finden.

UND GIBT ES ANGST UND PLAGE,

findet man sie in einem bösen Gewissen.

Wie das Eisen im Feuer

seinen Rost verliert

und ganz glühend wird,

so verliert der Mensch,

der sich auf Gott verlässt,

das Erdgebundene seines Wesens

und wird in einen

neuen Menschen verwandelt.

WO BIST DU
ZU HAUSE,
WENN DU
IN DIR SELBST
NICHT
ZU HAUSE BIST?

Wenn du die ganze Welt durchlaufen würdest und dich dabei selbst aus dem Blick verlörest, was würde es dir bringen?

WER IN SICH ZU LEBEN
LERNT, dem fällt es nicht schwer,

die Fehler anderer still zu ertragen.

Er lernt, zu allem, was ihn nichts angeht,

zu schweigen.

Du bist nicht heiliger,
wenn man dich lobt,
und nicht schlechter,
wenn man dich tadelt.

Ein gutes Gewissen kann
VIELE LASTEN TRAGEN UND TROTZDEM FRÖHLICH SEIN.

Ein Mensch sieht dem anderen ins Gesicht.

ABER GOTT SIEHT INS HERZ.

Ein Mensch legt auf die Waage,

was der andere sagt und tut.

Aber Gott wägt die Absicht.

WAS BEDEUTET ES, JESUS ZU LIEBEN?

Du solltest den lieben und den als Freund behalten, der dich auch dann nicht verlässt, wenn dich alle verlassen.

Es kommt nämlich der Tag, an dem du dich von allen Geschöpfen trennen musst, ob du es nun willst oder nicht.

Warum willst du Ruhe haben, wenn du doch zur Arbeit geboren bist? Richte dich darauf ein, in deinem Leben mehr Schmerz als Trost und mehr Kummer als Freude zu erfahren.

Es ist nicht alles, was wichtig ist,

auch heilig,

nicht alles, was süß schmeckt,

auch gut;

nicht alles, wonach sich der Mensch sehnt,

ist rein;

und nicht alles, was dem Menschen gefällt,

gefällt auch Gott.

STELLE DICH IMMER AN DIE UNTERSTE STELLE,

dann wird dir die oberste zugewiesen werden.

Denn das Oberste hat ohne das Unterste keinen festen Boden.

Sei dankbar für das Kleine, das dich würdig macht, das Große zu empfangen. Freue dich über die unbedeutende Gabe so, als wäre sie die wertvollste, und was andere verachten, DAS HABE BESONDERS LIEB.

Wenn du auf die Würde dessen siehst, der dir das Geschenk macht, DANN IST KEINE GABE KLEIN. Was der Allerhöchste gibt, kann nicht unbedeutend sein.

Selbst wenn es einmal Leid und Krankheit sind – aus Gottes Hand wird dir alles zum Segen.

Wer die Gnade Gottes

in seiner Nähe haben will,

der sei dankbar, wenn sie ihn besucht;

geduldig, wenn sie sich zurückzieht;

fleißig im Gebet, damit sie wiederkommt;

demütig und vorsichtig,

damit sie nicht wieder von ihm weicht.

JESUS HAT VIELE NACHFOLGER, die im

Himmel mit ihm herrschen wollen, aber wenige, die auf der Erde sein Kreuz tragen.

Warum fürchtest du dich, das Kreuz auf deine Schultern zu nehmen, wenn doch der Weg vom Kreuz zum Himmel geht?

ES GIBT KEINEN ANDEREN WEG ZUM LEBEN als den des täglichen Sterbens – das Loslassen des Alten und Aufsichnehmen des Neuen.

WENN DU DEIN KREUZ TRÄGST,

wird dein Kreuz dich auch tragen. Wenn du es aber abschüttelst und von dir wirfst, wirst du dir womöglich ein anderes aufladen, das schwerer ist als das vorige.

WO DU GEHST UND STEHST – du wirst dich haltlos fühlen, bis du in Gott verwurzelt bist.

Es ist etwas Großes um die Liebe.

Sie ist ein kostbarer Schatz, macht alles Schwere leicht und ebnet alles Ungleiche.

Sie spürt die Mühen nicht, und das Bittere verwandelt sie in Wohlgeschmack.

Gott kann beschenken und trösten, wen er will,
wann er will und wieviel er will – so, wie es ihm

PASST.

Stelle dich in deinem Leben
nicht auf viel RUHE ein.

Sondern auf viel GEDULD.

Schwach und fehlerhaft ist die menschliche Vernunft. Stark und ohne Fehler ist dagegen der Glaube an Gott.

Thomas Lardon ist seit vierzig Jahren als Autor, Herausgeber und Unternehmer im Verlags- und Kunstbereich tätig, besonders in den Bereichen Biografie und Spiritualität.

Die von ihm verfassten oder herausgegebenen Bücher wurden weit über zwei Millionen Mal verkauft.

www.lardon.me

me@lardon.me

https://www.facebook.com/thomas.lardon.79

https://www.instagram.com/thomaslardon